UNE ÂME ET SA QUINCAILLERIE

Alain Labonté

UNE ÂME
ET SA QUINCAILLERIE

DEL**BUSSO**

LISTE DES ILLUSTRATIONS

Distribution au Canada: Socadis
www.delbussoediteur.ca
Diffusion en France: Tothèmes Diffusion

© Del Busso Éditeur 2015

Dépôt légal: 2ᵉ trimestre 2015
Bibliothèque et Archives nationales du Québec

ISBN 978-2-923792-65-1
ISBN (EPUB) 978-2-923792-66-8
Imprimé au Canada

Je dédie ce livre à ma mère et à mon père car avec eux, chaque jour, mon cœur s'enflamme et s'aventure à tenter de brûler ce qui à l'intérieur de moi est bête et mort.

Je les remercie d'être là, ici comme dans l'invisible.

Merci aux Impatients d'avoir si gentiment accepté de participer avec leurs mots et leurs dessins. Je suis heureux de les savoir avec moi parmi ces pages.

Enfin, merci à Michèle, Roland et Mariel de m'avoir accueilli en leurs lieux, à l'île Maurice, pour une grande partie de la rédaction de cet ouvrage.

Montréal, 28 février 2015

Préface

C'est à l'oratoire Saint-Joseph qu'il m'a sauvé la vie. Il faisait beau et chaud cet après-midi-là. Je me souviens de ce détail météorologique parce que je portais une jupe aussi légère que mes préoccupations de jeune journaliste en début de vingtaine.

Un point de presse annonçant un concert d'orgues venait de se terminer à l'oratoire et, pressée comme d'habitude, j'ai soudain perdu pied dans les mythiques marches. Je pense d'ailleurs qu'une microseconde avant de tomber dans lesdites marches, je me suis dit que ça devait être ironique de les débouler et d'atterrir, peut-être même mourante, au pied du dôme vert, sous le regard bienveillant du frère André… Or, avant que mon légendaire sens du drame s'embrase, un bras musclé m'a rattrapé de justesse. Non, ce n'était pas le fantôme du frère André... Mais presque. C'était Alain Labonté, attaché de presse de l'événement. Le vivant qui porte le mieux son nom. Ça, je l'ignorais encore.

En apercevant les coquettes sandales à talons hauts, les grandes coupables, que j'avais aux pieds, il a fait retentir le rire le plus contagieux qu'il m'ait été donné d'entendre. Donc, en dépit de ma douloureuse foulure à la cheville, je n'ai pas été capable de pleurer.

Le rire d'Alain est une musique salvatrice. Le rire d'Alain appelle tous les espoirs en une seule note. Le rire d'Alain est une promesse de beauté, comme ce livre, son premier dont vous, chanceuses et chanceux, êtes encore vierges de ces pages, écrites avec ce qu'il a de plus cher : son expérience, sa sensibilité si singulière, ses souvenirs, en somme, la «quincaillerie» de son âme douce et généreuse.

Bien que son texte regorge de réflexions intimes puisées à même son parcours, il n'en demeure pas moins criant d'actualité avec des thèmes orientés, entre autres, autour du passage du temps, de la transmission, de la filiation et du deuil. Le vieillissement de la population, le sort réservé à nos aînés, surtout la façon dont on s'en occupe, font écho aux mots d'Alain, témoin de ces phénomènes et désireux d'en faire le partage à travers les souvenirs de ses aimants parents.

Difficile de ne pas être ému devant autant de sincérité de la part d'un auteur. Les confidences d'Alain témoignent du dévouement, de la chaleur et de l'amour d'un simple mortel. Rien n'est plus authentique que cette voix qu'il dévoile pour la première fois. Alain n'a rien de faux ou d'opportuniste. Alain est un vrai gentil, de ceux qui naissent dans le paysage médiatique comme poussent quelques fleurs entre les fissures du macadam. Et qu'il ait décidé de publier ne m'étonne pas. Il éprouve ce besoin de se sentir modestement utile et d'offrir à son prochain.

Chers lecteurs et chères lectrices, je vous souhaite donc que cette lecture soit aussi enveloppante que ce bras qui m'a un jour réchappé d'un accident certain. À toi Alain, merci pour l'amitié – je suis choyée – et bravo pour le plongeon dans le vaste monde littéraire.

Claudia Larochelle

Auteure et animatrice
du magazine LIRE sur ICI ARTV

Prologue

C'est pas marqué dans les livres
Que le plus important à vivre
Est de vivre au jour le jour
Le temps, c'est de l'Amour

— Pascal OBISPO

Dans mon âme il y a une quincaillerie. Chaque outil qui s'y trouve façonne ma vision du monde. Chaque jour est un nouveau jour pour entretenir les raisons de me tenir debout, de lire entre les lignes de l'incompréhensible et de l'inconsolable.

Sur mon globe terrestre figurent des bleds, des villages, des villes et des pays. Il y a des endroits où il fait bon vivre, où le bonheur se décline de mille et une façons. Il y a d'autres lieux où la pauvreté, les atrocités et la désolation règnent;

des sociétés qui n'ont pas progressé d'un iota depuis quelques éternités.

Pour ma part, je suis né du bon côté des choses. Je fais partie des privilégiés de la vie qui font de *l'overtime sur le dos du bonheur*. C'est d'une telle évidence. Frôler le ciel, y entrer, en revenir et y retourner régulièrement, librement. Être là, dans une position autre que de survie, constamment entraîné dans les coulisses du nirvana.

Dans leur quarantaine, ma mère et mon père avaient cinq enfants à la maison. Pendant un certain temps, vivaient aussi avec nous mes grands-parents Cloutier. Jour après jour, neuf personnes se retrouvaient à la même table.

Je me souviens exactement du moment où mon grand-père a fermé les yeux pour toujours. Ma mère lui tenait la main. Il l'a regardée et a poussé un dernier long soupir.

Pour tenir la main de quelqu'un, il ne suffit pas d'être présent, il faut être disponible.

À cette étape, il me plaît de m'imaginer que ma vie pourrait prendre les allures d'une plage qui se déserte petit à petit sur le coup de 16 heures au moment où l'on range lentement un à un les parasols sous le regard d'oiseaux qui ont fait escale ou qui préparent à nouveau leurs valises.

Ainsi, je me soustrais à petites doses de cette vie extérieure qui m'est constamment proposée. Plus que jamais, je veux entrer à l'intérieur de la vie et à mon tour tenir des mains.

J'ai écrit ce livre de la même façon que l'on offre une fleur à quelqu'un que l'on aime, comme on pose ses lèvres sur une joue. J'ai voulu ici rendre un hommage à l'amour et à la différence en mettant en lumière les deux personnes les plus significatives de ma vie : ma mère et mon père. Chaque jour, je poursuis ma route en utilisant des matériaux qu'ils m'ont donnés par leurs présences, de leurs bras, dans leurs mots, avec leurs cœurs.

Infiniment, je les en remercie car grâce à eux, j'ai appris à nager à travers les aléas de la vie tout en réussissant à maintenir ma tête hors de l'eau.

PREMIER CHAPITRE

Ma mère

Un jour, ma mère a craqué.

Il lui a fallu des béquilles, des comprimés, des thérapies, des électrochocs... et beaucoup d'amour pour pouvoir continuer. Puis elle a repris la route.

Cet événement du printemps 1978 me revient souvent en tête. Papa est au bout de ses ressources. Rien ne va. Il a téléphoné aux ambulanciers pour qu'on vienne chercher maman. Elle ne marche plus, voit à peine ; elle crie et se débat dès que son corps ne touche plus celui de son mari. Elle le réclame sans cesse. J'ai souvenir de l'entendre dire le mot *papa* dans une douleur qui lui vient du thorax.

Deux ambulanciers entrent par la porte de côté, celle donnant sur la cour, et sans tarder, déplacent la table de la cuisine pour se diriger vers la chambre de mes parents. Ils soulèvent maman du lit pour la déposer sur une civière et la stabilisent avec des sangles.

Au moment de la transporter, maman tente de s'accrocher à tout sur son passage et s'agrippe d'une force herculéenne à mon poignet. Ça me fait mal, mais la scène est tellement bouleversante que je n'en fais pas de cas. Un ambulancier réussit au bout de quelques secondes à nous séparer l'un de l'autre.

C'est dans des hurlements qu'elle passera finalement le pas de la porte, les deux pieds devant.

Tous les membres de la famille sont là, tristes et inquiets. Un éboulis dans le cours des jours. Nous regardons notre mère sur la civière que l'on glisse dans l'ambulance, dont on referme les portes.

Pendant qu'elle s'éloigne, mon père, debout, seul au milieu de la cour, pleure. Mes frères, mes sœurs et moi restons tous muets, les mains accrochées au fer forgé de la galerie. Je fige. Je ne sais plus trop de quelle réalité je fais maintenant partie.

J'ai douze ans. C'est la première fois que je vois un homme pleurer.

L'adolescence aura été brève.

* * *

Rien de ce qui arrive ne nous est offert à la légère. Cette première des trois dépressions de maman donna lieu à une rencontre avec ses médecins traitants et s'avéra une expérience très éprouvante.

Assis dans une même pièce, chacun des membres de ma famille avait à répondre à un interrogatoire. À tour de rôle, deux médecins en longues chemises blanches posaient des questions sur notre vie quotidienne.

La pièce était bâtie de façon que chaque mur était coupé au milieu par des vitres opaques d'une hauteur d'environ un mètre. Derrière ces fenêtres, quelques médecins et psychologues assistaient à la rencontre et analysaient nos réponses et réactions.

Je supportais mal d'être épié. J'avais l'impression qu'on cherchait un coupable et qu'on voulait me faire comprendre que l'état de ma mère pouvait dépendre de moi. Je lisais ce même malaise sur le visage de mes frères et de mes sœurs.

Bizarrement, je ne me souviens d'aucune suite à cette rencontre, d'aucun conseil, d'aucune recommandation. Les quelques jours qui suivirent s'effilochèrent autour de notre peine commune et profonde. Je me souviens surtout que c'est à ce moment-là que ma mère a reçu les premiers électrochocs de sa vie.

Durant cette hospitalisation, papa a fait les allers-retours du village de L'Avenir à la ville de Sherbrooke.

Maman est rentrée à la maison un mois plus tard.

* * *

En 1987, lors de sa deuxième dépression, j'ai été profondément marqué par une rencontre avec son médecin. Il m'avait expliqué que chaque fois que je lui refusais les plats qu'elle avait préparés spécialement pour moi, prétextant que le travail me tenait régulièrement à l'extérieur et que tout cela se gaspillerait, j'éteignais sa soif de bonheur, je faisais en sorte qu'elle se sente inutile envers moi depuis mon départ de la maison. J'aurais dû me faire un devoir d'accepter ses plats.

Cette histoire m'habite encore. Depuis, je ne lui refuse plus jamais rien. Quand elle me tend un sac rempli de tourtières, de gâteaux et de petits fours, dans un premier temps, je pèse tout le poids de l'amour qu'il y a dedans. Ensuite, je l'embrasse et je demande au ciel qu'on reste ensemble le plus longtemps possible. J'ai compris que tout nous est prêté : la santé, les gens, la vie.

* * *

Cet après-midi de mes vingt ans ne s'est pas non plus effacé de ma mémoire.

Je suis de garde. Tout le monde est occupé. C'est moi qui reste avec maman à la maison.

Les fenêtres sont ouvertes. Il n'y a aucun vent. Il fait chaud. Une mouche flotte dans son verre d'eau.

Elle me dit : *Une mouche flotte dans mon verre.*

Je lui réponds que je vais régler ça.

Son regard se frotte au pendule de la grande horloge et chaque tic-tac l'enfonce davantage dans son monde.

Régulièrement, elle me demande : *Il va revenir papa*? Chaque fois, je tente de l'en convaincre que oui.

Elle songe. Ses mains tremblent.

Le silence est tellement lourd qu'il en arrive à faire du vacarme.

Pour une quatrième fois, elle me demande si je suis installé confortablement dans mon nouvel appartement à Drummondville. Je lui réponds une nouvelle fois que oui.

Son regard se tourne vers la fenêtre de la salle à manger. *Il va revenir papa?*

Elle se lève et se dirige vers l'entrée en regardant au loin. C'est plus fort qu'elle. Elle a cette frousse que mon père l'ait abandonnée. J'ai beau lui répéter qu'il fallait qu'il aille travailler, son absence l'angoisse.

Que se passe-t-il dans ta tête, maman? Quel est ton mal? Donne-moi des pistes pour que je puisse t'aider!

Je lui propose d'aller se promener. Elle n'en a pas le goût. Je lui propose de regarder la télé. Elle n'en a pas le goût. Je lui propose d'aller s'allonger. Elle hésite et finit par me dire oui.

On s'allonge. On se tient par la main. Dans l'autre main, elle a son chapelet et récite un rosaire pendant qu'une larme roule sur sa joue.

Dans quel désordre fais-tu ta vie?

Je la serre dans mes bras et lui dis que je l'aime; qu'elle n'est pas seule; que je suis là et que papa arrivera bientôt.

Les églises ne suffisent visiblement pas toujours à elles seules à apaiser nos souffrances.

Vers 16 h 30, papa entre dans la cour. En entendant la porte d'entrée de la maison s'ouvrir, elle se dresse et s'avance d'un pas ferme comme une jeune amoureuse qui retrouve son amant. Il la prend dans ses bras et elle pose sa tête sur son épaule en lui demandant s'il était pour rester. Les yeux mouillés, mon père m'a regardé avec un sourire avant de lui répondre: *Bien sûr que oui!* J'étais tellement heureux qu'il soit là. Dans son regard, j'avais entrevu tout l'amour que peut contenir le cœur d'un homme.

* * *

Les jours se sont succédé, toujours en quête d'une vie paisible.

Une maille à l'endroit. Une maille à l'envers. Une maille à l'endroit. Une maille à l'envers. Une maille à l'endroit. Une mère à l'envers.

Combien de jours ai-je vu ma mère tricoter des ponts entre la couche d'ozone et ses pensées vagabondes?

Sous quelques nuages gris, installée dans sa chaise berçante, entre plusieurs balles de laine de couleurs différentes, je surprenais maman à errer dans des songes et à planer sur les ruines de douleurs encore vives. Elle érigeait involontairement autour d'elle des murs qui la plupart du temps se révélaient assez transparents. D'une maille à l'autre, je la voyais qui partait et qui revenait. Un moment, ses mains cessaient de bouger. Son regard se figeait. Et soudain, elle reprenait là où elle avait laissé sa dernière maille.

De ces nombreux voyages spontanés, il m'arrivait de lui demander à quoi elle pensait quand tout à coup elle devenait immobile. Souvent, elle me répondait qu'elle faisait escale auprès de gens qu'elle avait aimés et qui étaient morts. Elle troquait régulièrement ses « broches » à tricoter pour son chapelet et priait pour tous celles et ceux qui ont une place dans son cœur et qu'elle compte aller rejoindre. Je me suis toujours plu à nommer ces moments d'évasion ses envolées célestes.

Un versant d'elle me restera toujours inconnu, nourri de mystère. C'est comme ça. Il y a parfois de ces failles imperceptibles, invisibles au cœur nu.

Son monde n'éclaboussait pas. Entre le silence et la parole, elle s'évadait sans jamais faire de bruit.

* * *

Le week-end, j'accompagne à l'occasion maman à l'église de L'Avenir. Dans ce lieu, il m'arrive de repérer le souvenir de certaines voix qui s'amusent à rebondir entre les quatre murs.

Les chorales d'église!

J'ai toujours trouvé émouvant d'entendre un petit groupe de personnes chanter au nom de la vie, de la gratitude. Je suis convaincu que les voix les plus frêles arrivent à se frayer un chemin jusqu'au ciel. Je les vois sous les phares de leur voix, tels des mineurs célestes, aller en éclaireurs au-delà du désordre terrien et revenir du lieu de leur promenade avec la ferme sensation, un bon dimanche matin, d'avoir chatouillé le Bon Dieu sous sa couverture d'infini.

Cette église de mon enfance, comme plusieurs autres lieux de prière, a perdu un peu de sa voix. Il lui manque aussi des bras. Peut-être parce que la région se dépeuple? Peut-être parce que les jeunes rêvent ailleurs et vivent différemment?

Ces dernières années, il m'est arrivé d'en visiter quelques-unes, d'être resté à l'intérieur de chacune d'elles tout le temps d'un office, et d'en être ressorti avec cette impression de ne m'être jamais rendu plus loin que le parvis ; comme si j'étais resté devant la façade à m'interroger sur ce que j'étais finalement venu y chercher. C'était comme si j'étais entré dans un quelconque bâtiment où j'avais entendu parler sans conviction et sans passion. Comme on fait machinalement son job. Du simple usinage de prières. Le partage d'une parole où l'on s'en retourne avec une représentation d'un petit Jésus sur le *jet-lag*.

À l'église de mon village, on a maintenant remplacé les bancs de bois par des chaises de terrasse. Ma mère me répète à l'occasion qu'il n'est même plus possible de s'agenouiller pour tenir la main de Dieu. Quel visage prendra ce lieu pour traverser le temps?

Partout, les prêtres doivent dorénavant partager leur temps entre plusieurs paroisses. Exposés sans cesse au double emploi. Des gardes-côtes multifonctionnels de la bonne parole. En courant, certains d'entre eux atteignent tant bien que mal l'autel et livrent à bout de souffle un sermon qui parfois a bien du mal à tenir la route. À ceux-là, je ne leur en veux pas plus qu'à ces caissières de la Toronto Dominium qui nous bâillent en pleine figure ou à ces préposés aux renseignements de FIDO qui n'arrivent pas à nous faire croire que nos questions les intéressent. Un homme reste un homme, même sous une soutane.

À Montréal, dans les environs du quartier où je vis, on remplace souvent le Bon Dieu par des pilules, de l'alcool, des intraveineuses. Je connais entre autres deux mecs qui échangent régulièrement des kilogrammes de rire dans des sacs. Ces mêmes mecs ont le numéro perso de Marie-Madeleine.

Chacun veut goûter à la légèreté. Chacun cherche son chemin.

Pour être honnête, l'église m'ennuie. Mais tant que maman vivra, je l'accompagnerai. Après ? J'aime trop le silence des églises pour me laisser distraire par des mots sans lumière.

* * *

Ces temps-ci, entre deux rendez-vous, je me rends régulièrement au cimetière de mon village natal. La longue allée étroite bordée d'arbres me fait penser à un pont entre la rue principale et l'éternité. Plus on y avance, moins on entend les camions, les sirènes, les portes claquées.

J'aime beaucoup ce cimetière. J'ai tendance à croire que les morts y respirent en paix.

Quand j'y vais avec ma mère, je gare mon auto tout juste à l'entrée et nous avançons directement, bras dessus bras dessous. On se recueille. On se parle. On replace les fleurs sur des pierres tombales.

Ensuite, on marche dans les sentiers en repérant sur des plaques le nom de celles et de ceux qu'on a aimés et qui nous ont quittés ; aussi le nom de ceux dont nous ne retenons qu'un souvenir, parfois tout petit, très vague. On profite de tout ce que nous offre ce moment.

L'une de ces promenades me ramène à une photo de classe prise il y a près de quarante ans, au moment où je fréquentais l'école primaire. À la lecture, je réalise que sur une vingtaine d'élèves, trois à ce jour, à ma connaissance, se sont suicidés, sans compter mes amis Nancy et Martin qui sont partis avant le temps.

Je ne me lasse jamais de marcher dans les cimetières. Je m'y surprends toujours à renouer avec la vie. Aujourd'hui, au moment de partir, dans les rafales de vent, plusieurs âmes souterraines semblaient s'être réunies à la surface du temps et s'amuser à la tag malade. Je les entendais rire. Une vraie fête printanière! À leur place, j'en aurais fait tout autant; l'air était bon.

* * *

Ma mère dit qu'elle ne vieillit pas. Elle dit qu'elle porte tout simplement des rides empruntées à l'usure des jours.

Si elle marche moins rapidement, c'est à cause d'une surcharge de souvenirs qui la suivent pas à pas ; des souvenirs qu'elle chérit et qui la talonnent au moindre tournant.

Selon elle, elle a toujours cinquante ans.

Quand les mauvais jours viendront brouiller les cartes, elle pourra se vanter de n'avoir été vieille qu'à quelques mètres du terrain de sa mort.

Elle dit aussi qu'elle ne s'endort jamais. Pas étonnant. Elle se réveille plus de dix fois par jour. Elle en a de la chance ! Moi qui ne dors que trois heures par nuit, j'aimerais tant, en fermant les yeux, m'absenter du réel aussi souvent qu'elle.

Une fois par année, nous tentons, elle et moi, de nous rendre dans notre famille aux États-Unis ; plus précisément à Nashua, Merrimack. Entre deux mailles, elle fait la copilote. Et dans un accent tout à fait sublime me lit les panneaux routiers.

Les heures passent toujours très vite.

Ces voyages sont à chacune des fois une belle occasion pour nous deux de monter à quatre mains dans son arbre généalogique, puis d'y redescendre à saute-mouton.

Son arbre! On le secoue, on le déterre, on le rempote. Chaque fois, elle arrive à glisser sa mémoire le long de quelques feuilles pour y retrouver une page de sa vie qui somnolait dans ses veines. Ma mère a la mémoire de dix éléphants, et la bonté de dix mère Teresa. Son prénom, Thérèse, lui était prédestiné.

Je sais qu'elle prie pour moi. Elle a un Bon Dieu dans sa poche. Si elle ne peut pas se rendre à l'église, c'est l'église qui se rend à elle. En plus de tricoter des ponts, je la soupçonne de creuser des tunnels qui conduisent au ciel!

Quand elle mourra, ce sera l'amour qui lui fermera les yeux. Pas une grippe. Pas un cancer.

Plusieurs fois par semaine, vers huit heures du matin, j'ai l'occasion d'entendre sa voix au bout du fil qui me demande: *Quoi de neuf?* Le neuf est chaque fois de commencer ma journée avec elle. On profite toujours de ces appels interurbains pour que la vie nous rapproche.

Quand Dolores, la tante de ma mère, est morte, je suis parti de Montréal et je me suis rendu au salon funéraire de Durham Sud. Je savais que la perte de cet être cher lui était un moment difficile et intense à traverser. À mon arrivée, maman est venue à ma rencontre, m'a tendu la main et nous nous sommes dirigés vers le cercueil. Une fois agenouillée, maman s'est mise à pleurer. J'ai compris qu'un seul chagrin de ma mère serait toujours plus lourd à porter que les miens.

* * *

Quand on me demande ce que ma mère fait dans la vie, je réponds qu'elle donne. Et que le reste du temps, elle cherche à qui donner.

En donnant la vie, certaines mères se mettent à l'écart de la face du monde. Elles jouent le rôle de leur vie en prenant le second rôle, en offrant le devant de toutes les scènes à celles et ceux qui sont directement liés à elles.

Ces mères ne dorment jamais, ou si peu.

Elles dorment dans les métros, dans les autobus. Debout. Dans les files d'attente. Elles dorment quand la situation s'y prête.

Et quand elles dorment la nuit, elles voient ça comme un extra qu'elles savourent.

Les mères n'enseignent pas la guerre. Ce sont les hommes, là où ils passent, qui foutent le bordel. Elles ne violent pas non plus. Ne lancent pas de roches ni de bouteilles vides. Non ! Les mères, jour après jour, elles enseignent l'amour dans chacun de leur geste, de la purée aux souliers lacés, lorsqu'un corps fiévreux doit rester sous les draps, quand vient le temps où les membres de son clan quittent un à un la maison.

Ça prend trois femmes pour faire le monde : une qui danse dans la lumière, une autre qui porte la nuit à bout de bras et enfin une dernière qui chante des comptines. Ainsi, la terre effectue une rotation régulière et tout le reste trouve naturellement son chemin.

Ma mère est l'une de ces mères. Elle est l'une de ces trois femmes qui nous sauvent sans relâche des griffes de la noirceur.

Dans sa maison, les fenêtres n'ont pas de volets. Aucune porte n'est verrouillée. Tout le monde y entre beau temps, mauvais temps. Chaque jour est un jour férié. Qu'il pleuve ou qu'il neige, elle ne recule devant rien pour que la vie rayonne.

Dans le ciel de ma mère, il y a des milliers de cerfs-volants, des papillons et des oiseaux. Le faîte de certains arbres arrive à s'agripper aux flancs des nuages. Et les soirs de pleine lune, à l'aide de télescopes, on y découvre des nouvelles galaxies. On voit même le visage de gens qu'elle aime et qui l'ont quittée pour l'au-delà.

Dans le cœur même de ma mère, toutes les fontaines sont pleines. Les enfants s'y abreuvent à même leurs mains nues autant qu'ils le veulent.

C'est comme ça. Chez ma mère, on est chez soi.

Une fois chez elle, elle nous en offre la clé car pour elle, rencontrer quelqu'un, c'est désormais lui faire une place; c'est lui ouvrir la porte pour toujours.

* * *

Depuis quelque temps, l'existence de ma mère ressemble à un véritable feu de forêt.

Il ne se passe pas une semaine sans qu'elle me dise qu'elle a assisté à l'enterrement de quelqu'un qu'elle connaît.

Son monde, coup sur coup, s'évade. La vie rase ses alentours et dessine à pas de loup un désert. Encore récemment, à son tour, son grand frère Fernand qu'elle aimait tant est mort. Un vide dans un vide. C'est une des raisons pour laquelle maman est aussi proche des morts que des vivants. Le décompte de son entourage est plus imposant sous la terre qu'au-dessus.

Même si ma mère me paraît avoir certains passe-droits avec l'au-delà, je l'ai rarement vue avec une bible dans les mains. Elle semble en connaître tout le contenu par cœur.

Un jour, je devrais lire ce livre dont on dit tant de bien. En tournant les pages, je ne serais pas étonné d'y découvrir un chapitre consacré à *Thérèse*.

Pour être honnête, par les temps qui courent, plus rien, y compris ma mère, ne me surprend.

* * *

Une cicatrice est une trace visible que l'on retrouve sur la peau à la suite d'une blessure dont l'intensité de la douleur s'est évanouie avec le temps. Une cicatrice s'avère aussi parfois être un geste, un acte, un évènement qui marque au fer rouge les confins de nos mémoires. Et quand les cicatrices de nos mémoires s'ouvrent, il arrive que notre tête cale sous l'eau des désarrois ; comme des coups de ciseaux dans l'âme ! Ainsi, les marques laissées arrivent à intimider jusqu'à faire basculer le corps par en dedans sans que rien ne paraisse… ou presque.

Ce qu'on redoutait est arrivé. Un brouillard épais qui s'entasse entre le cœur et la boîte crânienne. Pour maman, trop de choses à gérer à la fois lui ont coupé l'herbe sous le pied : des décès, la vente de la maison, le déménagement… Quitter son village après y avoir vécu plus de cinquante ans bouscule bien des choses. Tant d'imprévus émotifs !

Je viens de raccrocher.

Ta voix résonne aux quatre coins de ma tête comme si l'écorce terrestre s'apprêtait à se fendre en deux.

Me reviennent tes pleurs, ta voix contenue de petite fille. Tu es consciente que les choses ne vont pas. Tu en es désarmante.

Tu t'inquiètes de savoir si on ira te mener à l'hôpital. Tu ne veux pas. Tu le répètes, nerveusement. Tu ne veux pas.

Tu rappelles à toi tous les cordons ombilicaux de ta vie pour qu'ils réapparaissent au centre de ton corps et tissent leur toile, pour devenir un cocon dans lequel tu pourrais te lover paisiblement.

Tu ne voudrais tellement pas, à ce moment précis, qu'aucun d'eux ne soit coupé pour avoir la certitude de ne pas être abandonnée ; de ne pas avancer les mains nues dans cette aventure qui t'attend à nouveau. Tu veux qu'on te retienne. Qu'on t'épargne cette étape.

Je te demande si tu as confiance en ton médecin qui te traite depuis plus de 30 ans. Tu me réponds que oui.

Je te demande si tu crois en l'amour que chacun de nous te porte. Tu me réponds que oui.

Je te demande si tu te sens capable aujourd'hui de te coiffer seule, de te faire à manger.

Il y a un silence.

Tu me réponds après une brève hésitation : *Je sais.*

J'aurais annulé mes vacances d'été pour être auprès de ma mère. Mes frères et sœurs auraient mis tout leur cœur et leur énergie pour l'accompagner le plus loin possible.

Le 30 août 2014, maman a fait son entrée à l'Hôpital de Drummondville pour une série de neuf traitements d'électrochocs.

* * *

Maman est restée à l'hôpital pendant quatre semaines complètes.

Le personnel aidant a été d'une humanité exemplaire. Si un jour je meurs, c'est sur cet étage que je veux disparaître.

À sa troisième semaine d'hospitalisation, un après-midi, je me suis mis à scruter ses moindres gestes. Elle était relativement calme, modérément songeuse. Ses mains tremblaient peu. On parlait de tout et de rien. Parfois, elle approchait ses mains des miennes et, avec le regard d'une gamine qui se réjouit de prendre part à une fête foraine, me témoignait à quel point elle était heureuse que je sois là. Je retrouvais au fil des heures son sourire légendaire, son regard heureux. La voilà qui remontait la pente.

Elle s'était mise à noter dans un carnet chacune des dates que je pouvais citer : un départ pour le Maroc, un autre pour Chicago, la tenue d'un gala, un anniversaire… Elle ne voulait pas que sa mémoire la trompe. Elle voulait retrouver sa vivacité d'antan.

À un moment, nous nous sommes retrouvés dans sa chambre, assis l'un en face de l'autre dans des fauteuils placés au pied de son lit. Il m'arrivait de tourner la tête vers le corridor et de voir défiler des hommes et des femmes, aussi résidants de cette aile psychiatrique. Plusieurs marchaient d'un pas lourd, d'autres étaient à la recherche d'une attention, certains gardaient le regard constamment vissé au sol.

Au milieu d'un court silence, maman me confia, tout en regagnant mes mains : *Il y a tellement de jeunes à cet étage... je vois rarement des gens leur rendre visite. On dirait qu'ils n'ont pas d'amis ni de famille. Ce n'est pas comme moi. J'ai de la chance. Vous êtes là.*

On aimerait croire que lorsqu'on a semé de l'amour autour de soi, on en recueillera quelque chose. Mais il suffit de se rendre dans des hôpitaux, dans des hébergements pour enfants handicapés ou dans des résidences pour personnes âgées pour rencontrer surtout de la solitude.

Ma mère ne sera jamais seule. Elle mérite en retour tout cet amour qu'elle a donné.

Si je devais un jour atteindre un âge certain, je ne peux faire autrement que de me demander qui sera là pour moi. Célibataire, sans enfants. Des amis dont quelques-uns à l'étranger, des frères et des sœurs pour la plupart plus âgés que moi. Des neveux et des nièces qui me téléphonent rarement...

On dira ce qu'on voudra, mais il est plus que souhaitable d'apprendre à vivre seul et faire de la solitude et du silence des alliés. Ce n'est pas une mince affaire ; un travail de moine ! Apprendre à vivre seul pour mieux finir seul.

J'ai beau gratter le fond de ma mémoire, fouiller les tunnels de l'enfance et de l'adolescence, aucune image de malaise ou de gêne face aux problèmes de santé mentale de ma mère ne font surface, aucune attitude négative ou geste rébarbatif de la part de mes frères et de mes sœurs à son égard, ni aucun mot de lassitude de la part de mon père.

Tout comme mon père, j'aurai eu la mère qu'il me fallait.

Et comme Léo Ferré l'aurait assurément si bien dit : *Ma mère est l'une des plus belles catastrophes qui me soient arrivées.*

DEUXIÈME CHAPITRE

Les Impatients

Par une heureuse circonstance, mon premier mandat dans le domaine des communications s'est avéré être une exposition avec Les Impatients; un monde où la folie valse entre les chevalets, le chant, la sculpture, le dessin et la danse. Ayant pignon sur rue depuis plus de 22 ans, multipliant les lieux de diffusion de Montréal au Centre-du-Québec, en passant par les Laurentides et la Rive-Sud, cet organisme hors norme permet chaque semaine à plus de 450 personnes de sortir de l'isolement pour participer à des ateliers de création artistique.

Au Québec, on dit que c'est une personne sur cinq qui sera touchée au courant de sa vie par un problème de santé mentale. Il va sans dire que les listes d'attente pour une telle ressource sont souvent longues.

Bizarre parfois la vie. Au hasard des situations, c'est comme si ma mère m'avait un jour conduit dans ce lieu. D'emblée, j'en ai épousé la cause. Je me sentais en terrain connu.

Je travaille auprès des Impatients depuis près de quinze ans, à titre d'attaché de presse pour promouvoir leurs évènements. Je n'ai pas encore trouvé les mots justes pour décrire ce qui se passe au moment où je mets les pieds dans leur univers. C'est un doux mélange d'harmonie troublante et de sérénité tordue.

Entre la dépression et la schizophrénie, entre le *burn-out* et l'agoraphobie, on vient chercher le silence, un havre à sa vie fatiguée, une ancre pour les dérives de son cœur *patché*. On est qui on est. Aucun rôle à jouer. On dépose les armures à l'endroit et au moment que l'on veut. Il n'y a ni concours de beauté ni patinage de vitesse. Ici, on ne maquille rien.

Il arrive qu'on laisse les pinceaux s'élancer sans pudeur sur un canevas. Parfois, on s'agrippe à un crayon et on écrit une lettre d'amour à celui ou à celle qui ne la lira jamais. Parfois, on sait aussi que cette lettre fera plaisir, qu'elle sera attendue. Il faut simplement trouver le bon moment pour l'écrire et la poster.

Comme l'impatience qui pousse à l'ombre, on vient chercher entre les couleurs et les matériaux un peu de cette lumière manquante au quotidien.

Parfois, au passage, il y a une main sur une épaule qui encourage ; qui vient silencieusement faire la différence.

On ne guérit peut-être pas, mais des portes s'ouvrent au calme et à la dignité.

Souvent, dans le *band* de musicothérapie, de belles grandes folies entrent en scène.

Il faut les voir aller ! Quelle complicité ! On sent toujours qu'elles forment une équipe : P. pianote sur le clavier, S. s'essaie pour une première fois à la batterie, F. chante sa propre composition. La salle d'exposition est transformée en laboratoire musical. Et quand elles nous offrent leur chanson

C'est beau le monde, je me dis que chacune s'accroche au meilleur de ce qui se présente. Et ça, c'est vraiment super.

On arrive à marcher seul jusqu'à la limite du poids de la peine que l'on peut porter.

C'est la loi de la gravité.

Pour se relever, ça prend du courage, de l'espoir et de l'abandon. Il ne faut pas chercher midi à quatorze heures. Ça prend le temps qu'il faut.

On rencontre son médecin. On se rend à la pharmacie et on achète les cachets qu'il nous a prescrits. On rentre chez soi. On ouvre la boîte et on s'offre un verre d'eau.

Et l'amour dans tout ça?

Si on pouvait le prescrire!

Isabelle Sauvé

Monotype

53

54

TROISIÈME CHAPITRE

Mon père

J'arrive. Ton corps est encore chaud.

Autour de toi, toute la famille est là, sauf André. La peine de chacun est tangible. Mais tout est calme. Tout est silence. Maman caresse ton bras droit et tient ta main dans la sienne. Elle a le regard fixé sur ton visage. Ici, visiblement, l'amour n'a pas besoin de mots.

Tu portes bien la mort. Même après des mois d'une lutte sans issue, tu sembles reposé.

C'est à croire que tu avais barricadé ton corps de l'intérieur pour que ton cancer ne puisse laisser de traces nulle part ailleurs qu'à l'intérieur de ton sang.

Une lumière dort sur ton visage.

Comme à leur habitude, mes sœurs multiplient soigneusement les bonnes attentions telle une équipe volante d'infirmières du cœur. Une fois de plus, les voilà, ces généreuses, à s'assurer que tout se passe pour le mieux. Même pour toi papa! Cette fois-ci où tout est fini, elles ajustent à nouveau l'oreiller sous ta tête, remontent le drap sur tes épaules et replacent subtilement des cheveux qui tombaient sur ton front.

Je reste un moment à l'arrière, au pied du lit. Et dans l'anonymat je nous berce, ta vie dans la mienne.

Je laisse des paysages de nous s'égoutter dans mes veines, prendre toute la place, des images de l'enfance à ici. Et à ce moment précis, je sais une chose : ce qu'il me reste de toi est en grande partie ce que je poursuivrai devant. Tu seras mon exemple. Mon modèle d'homme.

Au bout d'un moment, un à un, ils quittent la chambre en te laissant derrière eux.

Les lèvres tremblantes, maman te murmure son amour. Puis se tourne, me tend la main et se colle contre moi.

C'est à notre tour de partir.

Devant se présente un corridor parsemé de portes et de chambres à l'intérieur desquelles d'autres vies sont condamnées.

Nous marchons en silence pendant que le personnel médical s'active tout autour en pressant le pas.

Je cherche des yeux un ascenseur.

* * *

De retour à Montréal pour récupérer des vêtements et quelques objets personnels, j'ai ouvert la porte de mon appartement et me suis dirigé instinctivement vers la bibliothèque aux portes vitrées. J'ai retiré d'une tablette une petite boîte que j'ai toujours affectueusement baptisée *ma petite boîte à surprises;* une boîte en carton rouge que je possède depuis l'adolescence et dans laquelle se trouve un nombre incalculable de petits bouts de papier: des phrases complètes et

incomplètes, des images captées sur fond de bonheur, de nostalgie et autres tiraillements et qui,
par la force des choses, se sont accumulés au fil
du temps.

En soulevant le couvercle de la boîte, je plonge
dans la géographie de mon existence. J'ai renoué
avec des moments d'une grande pureté, certains
nord oubliés et des sud égarés, quelques zones
sinistrées… C'est là que je décide d'entreprendre
la rédaction de ce récit. Une occasion de faire le
point sur cette quarantaine qui vibre et qui court.

La mort de mon père en est l'élan donné.

* * *

Plus tard dans la journée, j'ai repris la route en
prenant calmement ma place dans le trafic. Chez
maman, nous nous sommes partagé quelques
tâches à accomplir : la réservation d'un salon
funéraire, l'élaboration du service funèbre, la
marche à suivre pour la mise en terre. Tout s'est

effectué en accéléré. Maman s'est ralliée à toutes nos décisions. Une équipe solidaire.

Les trois journées au salon funéraire se sont avérées plus exigeantes qu'on aurait pu imaginer. Des centaines de personnes ont défilé pour nous offrir leurs condoléances. Pour plusieurs, le deuil venait foutre le désordre dans leur vie et un ramassis de vieilles peines refaisait surface dans leur cœur. Plus d'une fois, je me suis retrouvé dans le rôle de celui qui console et qui rassure les autres. C'est comme ça. Déstabilisé, il arrive que le cœur se retrouve sous les phares de plusieurs blessures cumulées sans savoir pour autant laquelle de ces peines nous pleurons au moment du déversement. Les larmes qui coulent proviennent d'une même source où tous les amours perdus que l'on porte se côtoient.

Il y a eu ces amis qui se sont déplacés de loin ; ces clients qui ont fait livrer des fleurs. Il y a eu des cartes de vœux, des appels téléphoniques. Tant de gestes pour autant de réconfort.

Ce samedi 17 mars 2007, sur le coup de 13 h, la tombe s'est refermée. Comme une tribu, la famille rapprochée s'est massée devant le cercueil et a formé un petit cercle en prononçant une prière. Lentement, le visage de mon père a commencé à prendre place dans toutes les couches accessibles de ma mémoire. Chacune des étapes de ces journées devenait un deuil supplémentaire. Deuil de ne plus lui tenir la main. Deuil de ne plus lui parler. Deuil de ne plus le voir. Encore aujourd'hui, des images refont surface, s'additionnent et viennent régulièrement y faire leur nid.

Les cloches sonnaient. L'église était bondée. J'avais l'impression d'être dans une bulle d'eau, d'exister dans une sorte de zone floue, en seul lien avec ma respiration.

Au moindre de mes déplacements, je n'entendais que mes pas dans la neige, que le son du froissement des manches de la veste de mon habit frottant sur chaque côté de mon corps.

Si consoler consiste à accompagner l'autre dans sa détresse, je crois que nous avons tous fait dans la mesure de nos capacités. Cette pensée m'apaise.

Dès le début de la cérémonie, l'émotion était palpable. Tous les amis de mon père étaient là. Luc, l'organiste, était au poste comme toujours, ainsi que la chorale avec laquelle il a chanté presque toute une vie et ses membres avec lesquels il a créé des liens fraternels.

Après avoir lui-même chanté pour tant d'autres enterrements, ce jour-là, on lui rendait la pareille.

* * *

Je suis des six hommes qui portent le cercueil pour le conduire vers l'autel. La marche est lente, solennelle. Je le porte de tout le poids de son absence.

Au passage, je reconnais des gens qui se sont agglutinés : des amis, des membres de la famille, des connaissances du village. Dans ce jour de tempête, ils se sont déplacés pour lui offrir un dernier adieu.

La célébration s'anime. Chaque intervenant tient bien son rôle. Le curé a un discours juste. Les lectures sont bien rendues. Les chants sont représentatifs de ce qu'il aimait, livrés dans des interprétations touchantes. Tout se tient, lisse et enveloppant. Encore une fois, j'ai cette preuve de toute l'affection que certains lui ont vouée durant toutes les années de son existence. Je suis particulièrement touché de voir autant de cousins pleurer leur oncle. Personne n'a de filtre. Chacun a le cœur à découvert.

Encore une preuve que ce sont souvent les absents qui parviennent à nous réunir et à nous libérer de nos armures.

Je regarde cette église qui m'a vu grandir, où j'ai fait ma première communion ; dans laquelle j'ai lu les Évangiles. Je regarde ses vitraux, son jubé. Toute une vie dans une même et seule heure qui défile. Un livre d'images se recrée.

Au moment du dernier chant, tout le monde se lève. Puis ce sont les applaudissements.

Je laisse glisser ma main d'entre les doigts de ma sœur Nicole. Je quitte mon banc pour reprendre ma place de porteur. Nous avons marché vers la sortie, jusqu'au corbillard.

Mon frère Germain pleure sans retenue. Sa peine semble sans fond. J'aimerais pouvoir le prendre dans mes bras.

* * *

La fosse est creusée creuse.

Il neige à boire debout.

Les regards tout autour semblent figés comme dans de la cire. Les visages, cachés derrière d'épais foulards, apparaissent obstrués par des rideaux de larmes.

Je m'imagine debout, à la place de mon père, dans ce trou profond dans lequel il reposera, avec ces murets de terre comme seul horizon. Des images de soleils noyés dans de la vase me montent au cœur. Toutes les nuits de mon enfance, ces fois où j'avais si peur du noir, me sautent à la gorge du même coup, telle une éclipse en plein cœur du jour.

Difficile d'imaginer qu'on laissera mon père seul ici, qu'on s'éloignera d'à peine quelques kilomètres pour poursuivre une vie sans lui, pour toujours.

La meute a perdu un de ses loups. La ruche est en manque d'une abeille.

Plus difficile de soustraire que d'additionner. Dans quelques minutes, mes yeux ne parviendront à voir rien d'autre que tout ce qui arrivera graduellement à prendre chair en dedans : des souvenirs.

Le vent siffle au plus fort et nous ramène à nos solitudes.

Je n'y échappe pas.

Un vide instantané, total. Une nuit dans la nuit.

Quelle sera ta suite? Quelle sera la mienne? Y en aura-t-il une?

Je ne le saurai jamais de toute cette vie. Je ne peux qu'imaginer ou prétendre. Mais j'ai ce choix de penser que j'irai te rejoindre ou que je serai voué au néant.

J'irai te rejoindre!

Quand j'étais petit, je regardais souvent le ciel et je me demandais si un jour j'aurais une place parmi toutes les étoiles. Je me le demande encore. J'ai plutôt tendance à douter que j'en aurai une. J'ai toujours eu ce sentiment que l'éternité, c'est dans nos cœurs qu'elle existe; que c'est au travers de ceux qui nous survivent que nous survivons au néant.

Mais j'ai décidé que j'irai te rejoindre. Seulement l'écrire me fait du bien.

Du mois de novembre on dit souvent qu'il est moche. Moi, je déclare que c'est le mois de mars qui nous use. En novembre, nous savons ce qui nous attend : les rues sales et les froids extrêmes. Nous nous y préparons. En mars, nous nous mettons à croire aux jours meilleurs, et puis quand les gens que nous aimons nous quittent, ça ne le fait pas.

Maman, au beau milieu de ce paysage désertique, est restée forte, sereine. Comment fait-elle dans les pires épreuves pour encore se tenir debout ? À ce jour, la vie l'a tellement broyée. Elle a décidément cet esprit qu'ont les battantes. Pour survivre, elle a le talent de mettre le poids des chagrins en veilleuse.

Le temps d'une dernière litanie dictée par le curé, nous saluons et remercions l'entourage et nous quittons les lieux sous la neige. Pendant que la tempête recouvre nos pas, je ne peux m'empêcher d'imaginer qu'il fait 38 degrés à l'ombre quelque part sur la planète. Prendre un avion, partir, vivre seul ce tournant. À quelques mètres de la fosse, je me suis retourné. Le monde avait déjà changé.

Aujourd'hui, je me console.

Mon père, allongé dans le lit de la terre, et moi, par une fenêtre du cœur, j'arrive chaque jour à toucher le ciel de notre amour.

Il me paraît plus vivant que je ne l'aurais imaginé.

J'en comprends qu'à la dernière pelletée de terre, il y avait un moment déjà qu'il se baladait sur les remparts d'une présence muette.

Il est toujours là.

* * *

Les vents sibériens ne semblent jamais inquiets de l'imposture qu'ils prêtent à ceux qui à la suite d'une épreuve restent et traversent le temps.

La fin de l'hiver s'est enrubannée autour d'un cocon de tristesse.

Je suis allé visiter maman le plus régulièrement possible. Elle semblait toujours garder le phare de sa vie.

Chaque fois que je revenais à la maison familiale, je retrouvais la chambre de mes parents habitée des derniers mois vécus. Quelques effets personnels et des objets de mon père trônaient au centre d'un silence imposé : sa montre, un pyjama, une photo. Chaque objet captait l'œil. Des histoires remontaient à la surface. Au fil du temps, le calendrier traçait clairement la distance, la finalité, l'irrémédiable.

L'année qui a suivi la mort de mon père s'est avérée le prolongement des derniers mois vécus avec lui ; c'est-à-dire la proximité en famille. Les anniversaires, Noël, les événements improvisés du week-end, tout était prétexte à nous retrouver. Comme s'il nous fallait garder intact et recréer autant d'amour offert et reçu.

Trois ans plus tard, sans raison apparente, seul dans mon appartement à Montréal, c'est là que j'ai pleuré à chaudes larmes son absence pour la toute première fois.

* * *

Quand j'y pense, mon père savait brillamment faire trois choses : aimer, travailler et s'amuser.

Dernier d'une famille de douze enfants, orphelin de sa mère à l'âge de seize ans, pendant toute sa vie, mon père est resté le bébé de la famille, dans la réalité tout comme dans le cœur de ses frères et sœurs.

Fils de cultivateur, il travaillait toujours sans relâche. Certains hivers, il allait même jusqu'à s'exiler avec son frère Ange-Aimée dans des camps de bûcherons dans la région de Dolbeau. Il passait plus de dix-huit heures par jour, la hache à la main, dans la neige jusqu'aux genoux, à abattre et abattre des arbres. Son rêve le plus cher était d'avoir un jour sa propre terre.

Papa était un homme bon, vaillant et protecteur. Tous lui reconnaissaient un sens inné de l'honneur comme de la fête! Il dansait, giguait, chantait, jouait du violon et de la guitare.

Il ne donnait jamais l'impression d'être arrivé. Un objectif atteint, c'était souvent l'occasion de se remettre en question. Avait-il fait assez pour l'un et pour l'autre? Les mots qu'il avait utilisés lors d'une discussion avaient-ils été bien compris? N'avait-il pas involontairement blessé quelqu'un?

Ce souci constant du bien-être des autres ajoutait incontestablement une touche à son charme. Autant il avait la carrure d'un grizzly, autant il avait le cœur d'un petit oiseau. Et il l'assumait pleinement. Il ne s'est jamais retiré d'une pièce de peur qu'on le surprenne à pleurer. Au contraire.

À table, parfois, il nous racontait des souvenirs de sa mère, de sa famille, de son premier amour, et les valves s'ouvraient. C'était les gros sanglots. Pendant quelques secondes, il cachait son visage derrière un mouchoir.

Je ne remercierai jamais assez la vie de m'avoir donné le père qui était fait pour moi. C'est lui qui m'a appris que c'est du cœur que naissent les vraies choses.

C'est aussi lui qui m'a démontré qu'il était possible de cohabiter dans la différence. Il m'a fait la preuve qu'un homme sans grande éducation, issu d'un milieu pauvre, peut mener son navire à bon port. Ça m'impressionne encore.

Grâce à lui, j'ai eu la chance d'être témoin de grands moments de vérité, de comprendre très tôt que j'avais droit à la liberté, que je pouvais être moi-même et m'exprimer.

Avec lui, rien n'était en sourdine.

Quand il avait quelque chose à dire en particulier à l'un de nous, ça se passait en privé. Jamais il n'était blessant. Il faisait toujours un pas vers l'autre en laissant assez d'espace pour que l'autre avance à son tour vers lui.

Mes premières leçons de respect sont nées de son regard franc et du timbre de sa voix.

Je me souviens de ce soir d'été de pleine lune, dans la balançoire de la galerie avant, bien assis entre mes parents. *Mon gars, dans la vie il y a deux races de gens : celle qui lance des pierres et celle qui en pose. J'espère que tu en poseras. Sache cependant une chose : beaucoup de tes pierres posées tomberont, bon an mal an. Je te souhaite de toujours trouver le courage de remettre ton genou au sol, de les récupérer avec force, de te redresser et de les poser de nouveau. Tu verras. Ça ne sera jamais perdu.*

Il me manque.

Depuis qu'il n'est plus là, la plupart du temps, c'est dans les livres que je retrouve des âmes aussi

réconfortantes que la sienne et qui me réconci-
lient avec la nature humaine.

* * *

C'est le 2 mai 2006 que mon père avait reçu le
verdict : leucémie myéloïde chronique. Ayant été
témoin du long désert que ma sœur Nicole avait
traversé quelques années auparavant avec cette
même maladie, puis d'avoir vécu les étapes verti-
gineuses d'une greffe de moelle osseuse, il décida
de n'avoir recours à aucun traitement. Nous
n'avons eu que dix mois pour apprivoiser son
absence imminente.

C'est dans le brouillard de ses derniers jours qu'il
s'est présenté dans toute sa transparence. Il ne
manquait aucune occasion pour nous exprimer son
amour. Il ne tarissait que d'éloges envers maman,
pour sa beauté, pour les plats qu'elle apprêtait,
pour les soins qu'elle lui prodiguait. Il allait jusqu'à
demander au personnel infirmier qui venait le
visiter à la maison s'il était un bon patient.

Je crois que sa plus grande détresse était justement la crainte profonde de s'ennuyer de nous, plus que d'ignorer l'endroit où son dernier souffle le conduirait. Mon père était devenu une maison sans murs et sans toit, porté par le plancher d'une nuit douteuse que seule la lumière des cœurs pouvait apaiser. Nous étions là, vingt-quatre heures sur vingt-quatre. Nous l'avons tous bordé et épaulé du mieux que nous avons pu.

Se sont succédé la canne, les couches, le fauteuil roulant, les bonbonnes de nitroglycérine, le cours 101 de l'injection à la morphine. Chacun des derniers jours s'est avéré un chapitre plus intense que le précédent.

Il me revient une de ces nuits de crise d'angine. Couché dans la chambre située tout juste en face de la sienne, du moniteur, j'ai entendu de faibles râlements. Quand je suis allé voir, il était assis dans son lit. Immobile. J'ai pris place à ses côtés. Il m'a brièvement expliqué son malaise. Il en était à une troisième dose de nitroglycérine. Il craignait l'infarctus fatal. Je le sentais très anxieux. Le soutenant de ma main droite, je me suis mis à le masser au niveau du plexus solaire. Lentement, sa respiration s'est mise à chevaucher la mienne. Une bulle nous a encerclés.

Après quelques minutes, il a tourné son regard vers le mien et, avec un petit sourire en coin, il m'a fait le clin d'œil complice que je n'oublierai jamais. Cette fin de nuit s'était résumée à une brève visite aux enfers sur un fond temporaire de paradis.

Ensuite, il y a eu cette enfilade de jours à vivre les plaisirs au compte-gouttes ; à être toujours aux aguets, animés par de trop brèves accalmies qui donnaient des lueurs d'espoir.

De moins en moins autonome, les six mètres à parcourir de son lit aux toilettes se réalisaient désormais en fauteuil roulant. Aussi, en cas d'un besoin de soutien immédiat, il actionnait une cloche qu'André avait installée au-dessus de sa tête.

Nous en étions venus à établir des horaires de garde, de jour comme de nuit. Des oncles, tantes, cousins, cousines et neveux se relayaient.

Ce parcours de vie était devenu de plus en plus pavé d'exigences physiques et d'interventions improvisées.

* * *

Puis il y a eu l'anniversaire de maman ; ses 69 ans.

Papa avait voulu lui faire une surprise. Mes frères, complices de son souhait, se sont rendus à la ville pour acheter un bouquet de fleurs.

Au moment de leur retour, mes sœurs ont enfermé maman avec elles dans les toilettes.

Pendant ce temps, Germain et André ont installé papa dans son fauteuil roulant, la gerbe de fleurs déposée sur ses cuisses. Le bouquet était d'une taille démesurée ; il fallait deviner mon père derrière cet amoncellement de pétales et de feuilles vertes.

Quand ma mère est sortie des toilettes et qu'elle a aperçu mon père, son cœur lui est instantanément sorti de la poitrine tellement elle a dû presser le pas pour le rattraper.

Des larmes lui sont venues, faciles, avec tout le poids de l'amour qu'elles pouvaient contenir.

Maman est allée s'asseoir près de lui. Elle pleurait et elle pleurait. Elle l'a embrassé maintes fois en tenant son visage entre ses mains et en le regardant fixement. Elle était émue comme on ne l'avait jamais vue. Papa, les yeux brillants, nous répétait : *Je crois qu'elle est contente.* Une heure durant, ils se sont regardés dans les yeux. Maman n'avait pas cessé de pleurer. Elle se doutait bien que c'était la dernière fois que l'homme de sa vie lui déposait les parfums de quelques fleurs dans le cou.

C'est à partir de ce moment que l'on a su que tout était terminé, que le corps de papa avait rendu les armes à la maladie et qu'il fallait prendre les prochaines heures de sa vie comme un cadeau.

On les a aidés tous les deux à s'allonger pour la sieste. Ils se sont endormis, enlacés.

Puis un matin, les ambulanciers sont venus. Papa est sorti calmement de sa chambre, assis dans son fauteuil roulant, son chien sur les genoux. À l'extérieur, sur la terre comme dans le ciel, on ne voyait que le blanc de la neige.

Il a porté une vague amoureuse sur le dos de Kanelle en la flattant une dernière fois.

Il a regardé un moment par la fenêtre.

Nous l'avons embrassé à tour de rôle. Puis il a déposé Kanelle dans les bras de Mado.

C'était la fin.

Personne n'a dramatisé la situation. Nous étions prêts sans l'être. Il fallait s'en remettre à la réalité.

Il n'aura passé que vingt-six heures à l'hôpital avant de rendre l'âme.

* * *

Dernièrement, les trois derniers descendants directs de sa famille sont décédés. Il y a eu Rita qui, un après-midi, sans avertir, s'est allongée de tout son long dans un stationnement du centre-ville, le cœur usé. Puis il y a eu Denise et Robert, qui, après avoir demandé maintes fois au ciel de venir les chercher, se sont endormis dans leur lit, épuisés.

Certaines des plus belles images de ma vie proviennent de cette vision que j'ai toujours entretenue de la famille du côté de mon père. Des images quasiment impossibles à reproduire. C'est comme un réalisateur qui a eu une inspiration géniale pour un film. Il a trouvé le bon scénario, le bon moment pour le faire, les bons acteurs. Chez mon père, c'était un peu le cas. Dans le fond du 6ᵉ rang du village de L'Avenir, le Bon Dieu avait fait une *full* en lançant les dés dans la maison de mes grands-parents Labonté-Fréchette. La personnalité de Philomène, la folie d'Ange-Aimée, l'audace de Rosaire, la tendresse d'Omer, la complicité de Florida, l'espièglerie de Rita, la bonté de Virgina, la douceur de Denise, la gentillesse de Louise, le dynamisme d'Arthur, le magnétisme de Robert et la bienveillance de Conrad, mon père. Autant d'hommes et de femmes pour un cocktail explosif. Et tout cet amour et cette tendresse que l'un portait à l'autre. À leur fin de vie, ils ressemblaient encore à une bande d'adolescents amoureux.

* * *

Ma mère prétend que les anges doivent se vanter du bon coup qu'ils ont fait en venant chercher mon père. Je serais plutôt d'avis qu'ils doivent se mordre les ailes à la pensée qu'il doit foutre là-haut un bordel pas possible tellement il est populaire.

Je crois que le jour où nous reconnaissons avoir été aimés, quelque chose en nous s'enracine pour toujours.

L'expérience d'une vie m'aura conduit à ce constat: depuis mon père, je ne me sens plus jamais seul.

Aujourd'hui, mon beau Conrad aurait 83 ans.
J'aurais aimé voir sa réaction devant les rénova-
tions et la belle terrasse aménagée sur le toit de
mon appartement.

Il reconnaîtrait mes espoirs d'océans, même si
mes rivières manquent parfois d'eau. Il identifie-
rait mes forêts sous mes cieux imparfaits. Il saurait
me faire dire ce que j'ai parfois du mal à entendre.
Il saurait me reconduire chez moi, dans la sim-
plicité des choses.

Le silence de mon père ne me pèse plus. Il est
même plutôt bavard. À cause de lui, je m'arrête
davantage à ce qui est muet.

L'invisible me parle plus que jamais. Le visible
me distrait.

* * *

Du moment que l'on aime, un deuil s'installe
dans l'ombre de la joie.

Une génération éteinte, la mienne prend désormais l'avant-scène. Ma famille immédiate est toujours complète, avec plus de quatre-vingts cousins et cousines germains vivants.

J'aurais aimé vivre ce que mon père a vécu avec les siens, cette complicité dans l'amour, cette tendresse contagieuse.

Je nous souhaite à tous le courage nécessaire et la grandeur d'âme pour un jour en arriver à nous glisser entre les barreaux que nous avons érigés dans nos têtes pour ainsi mieux parvenir à soi puis aux autres.

* * *

Cher papa! Tu dois inévitablement te sentir bien seul six pieds sous la terre.

Remarque, même au-dessus de toi, parfois, je ne me sens pas plus entouré. Des morts, il y en a partout.

Tu me diras que je ne t'apprends rien si je t'avoue que je ne crois pas aux anges ni d'ailleurs à un Bon Dieu.

Par contre, tu te souviendras que j'ai toujours cru qu'à deux, on pouvait mettre une barque à flot. J'ai appris ça *de toi.*

Aujourd'hui, je mets mon cœur à jour. Je dessine des ponts de cette vie d'avant à celle qu'il me reste.

D'ici à ce que je meure, la terre tournera, le vent soufflera. Et comme du temps où j'étais jeune, je reviendrai mille fois à la course aux nuages.

Je te devinerai souvent : dans une brise, à l'intérieur d'une chanson, dans l'éclat d'un rire, même dans mes angles morts.

Ici-bas, je chanterai inlassablement ton passage.

Je bricolerai des morceaux de toi à travers ce que j'enseignerai à mon filleul : la bienveillance, le respect et l'honneur.

Je roulerai tous les jours sur ma route, ton visage en plein décor. Et si jamais je prenais le large, je m'agripperai à chacun de tes fragments pour m'espérer et me sentir plus vivant que jamais.

Tu deviendras un second souffle.

Je n'arrive pas à m'imaginer sans toi.

Quand on aime, c'est pour la vie.

Tu me diras que je ne t'apprends rien si je dis que la vie est peut-être une blague ; qu'elle est beaucoup trop courte.

Je te dis cela parce que je suis convaincu d'une autre chose : que la vie est un simple clin d'œil aux deux éternités que je nous imagine.

Il arrive certains soirs que le ciel force les mousti-quaires tellement le vent gonfle les joues des étoiles.

Je te soupçonne d'être derrière ça.

Quand la fatigue voilera mes yeux et volera mon corps, je demanderai à mon âme d'aller danser sur ta tombe. De là, nous poursuivrons ce que nous avons eu à peine le temps de construire ici-bas.

QUATRIÈME CHAPITRE

La quarantaine
Le silence qui occupe

En venant au monde, le ciel dépose dans notre berceau une enveloppe dans laquelle se trouve un parcours terrestre ; différent pour chacun. C'est bien la preuve que nous ne nous appartenons pas.

À chaque millionième de seconde, le contenu de cette enveloppe est ajusté. Un jour, à un moment inattendu, c'est le clan familial qui perd en nombre plutôt que d'augmenter. Alors qu'à d'autres occasions, c'est le taux de cholestérol qui monte plutôt que de descendre.

J'ai eu de la chance.

En fait, je retiens surtout qu'en venant au monde, on meurt à petites gorgées. Et ce, de plus en plus souvent. Un jour on finit par comprendre que ce qui n'est pas vécu dans l'immédiat nous sera arraché à jamais.

C'est plutôt marrant, quand j'y pense : j'ai eu tellement hâte de mettre le pied dans ce qu'on appelle *le monde des adultes* et de quitter une vie que je dévalais sur des voies relativement paisibles et confortables, celles de mon enfance.

Où avais-je donc la tête?

C'était drôlement plaisant de patauger dans un bac à sable et de regarder pendant des heures et des heures les acrobaties d'une chenille sur la branche d'un arbre.

Comme bien d'autres adolescents, je me voyais ailleurs. J'avais entendu dire…

Ne sachant pas que j'étais libre, j'avais imaginé que la liberté commencerait là où il n'y aurait plus d'intermédiaires, c'est-à-dire à ce moment où on quitte la maison familiale, quand on paie son propre loyer et qu'on achète sa première auto.

Quelle idée!

C'est à ce moment-là que la beauté du monde change de visage et que beaucoup de choses se terminent. Sans trop s'en rendre compte, un jour on a seize ans ; le lendemain, on en a quarante.

Tout ça en un claquement de doigts. Comme un feu de paille.

Entre les deux, on aura semé des histoires sur quelques terrains fertiles. Mais nous aurons perdu le sens de l'émerveillement et de l'abandon. Être dans le monde des grands, c'est être continuellement occupé, fatigué, obligé, emmuré, lié.

On dit que le calme appelle le calme.

Jeune, je passais de longues heures, assis au pied d'un arbre, à faire tourner du bout des doigts un trèfle à quatre feuilles, tout en guettant du coin de l'œil quelques vaches qui ruminaient près de moi dans le champ.

Je revois encore ma mère qui au hasard du moment me repérait de l'endroit où elle se trouvait et, entre deux lessives, laissait tout de côté pour venir vers moi.

Un verre d'eau à la main, elle se dirigeait derrière l'étable et montait lentement la côte qui menait au bois. En me tendant le verre, elle me demandait ce que je faisais seul dans mon coin. La plupart du temps, je lui répondais que je ne faisais rien, que je m'offrais tout simplement du bien. Elle me souriait. Appuyés contre le tronc de l'arbre, elle glissait son bras autour de moi et nous échangions quelques mots. Puis elle retournait à sa besogne, les mains dans les poches de son tablier.

Inlassablement, mes pensées planent régulièrement au-dessus des terres de mon enfance. Elles s'infiltrent dans la sève des érables comme dans le lait fraîchement extrait du pis des vaches, en passant par les haricots verts du jardin et les potages que ma grand-mère laissait mijoter sur le feu. Je fais constamment les cent pas devant des images d'une vie d'avant. Ces images se régénèrent au gré du vent et de la terre qui tourne. Les odeurs, les accents, les lunes pleines : tout me ramène à des points de départ.

Les routes d'antan ont laissé une multitude de cailloux invisibles dans mes bottes ; inséparables de cette vie qui bat. Sans que nous nous en rendions compte, l'enfance résonne et s'enfonce dans des décors à des milliers de kilomètres de ses moments d'origine, bien accrochée au temps qui passe. Elle fait son chemin sur de nouveaux chemins. Elle voyage d'un voyage à l'autre, d'une rencontre à une autre. Elle se fait les dents sur la peau de tous les âges.

J'ai tant reçu.

* * *

Le fruit ne tombe jamais très loin de l'arbre et l'arbre tombe toujours du côté qu'il penche. On porte tous des éclats de ceux qui nous ont tenu un jour la main.

D'aussi loin que je me souvienne, une vague de fond de tristesse m'a toujours habité ; venue de nulle part, ancrée naturellement dans le creux des reins. Et comme un bateau de verre, je flotte quotidiennement sur des eaux jamais totalement claires, hanté par la conscience du possible désenchantement. Où que je sois et où que j'aille, je me croise les doigts pour qu'il ne fasse jamais trop sombre pour m'empêcher de voir le fond qui me porte. Je garde le cap, j'assure une présence régulière au gouvernail, je veux éviter l'iceberg qui pourrait me jeter par-dessus bord. Et ainsi la vie file, arpentant mon parcours de souffles courts en état d'apesanteur, de siestes en état d'insomnies, de fougues en retraites silencieuses ; en rêvant d'avoir le talent nécessaire pour repérer un rayon de lumière et d'avoir l'habileté de m'agripper à celui-ci, si pâle soit-il.

J'ai toujours envié les gens qui ont le bonheur facile et qui ne se posent jamais trop de questions.

Il me revient qu'à la suite des travaux scolaires et ceux accomplis à la ferme, quelques membres de la famille se retrouvaient au salon pour regarder un téléroman ou La Soirée du hockey, alors que d'autres s'installaient sur la galerie pour discuter et manger un dessert avant d'aller se coucher.

Moi, j'avais tendance à m'éloigner de la maison pour me diriger du côté de la grange. Et là, sur la pointe des pieds, je tentais de capter de l'autre côté de la clôture les fantaisies qui me passaient par la tête. Entre les cornes du bétail, la valse des blés et la chorale des criquets, je planais au-dessus de différents univers en m'imaginant mon futur.

J'aimais me retrouver seul, face à la plaine, à fixer l'horizon puis à m'imaginer être plus fort que tous les éléments réunis, à danser sur le temps et à être le roi de tous ces instants.

Dans le silence de ces fins de soirée, je voyais défiler une multitude de scénarios plus fantastiques les uns que les autres.

Avec le temps, je me suis mis à découper des fenêtres dans les murs qui me séparaient de mes rêves. Je n'arrivais plus à puiser exclusivement dans mon quotidien. Il me fallait ouvrir. Voir autrement, plus large.

Grâce à la littérature, au *National Geographic* et à la télévision, je m'initiais à des découvertes enivrantes. J'arrivais à respirer l'odeur des tajines du Maroc, comme à voir le pont de San Francisco ou la mer des Antilles.

Dans le désordre des découvertes, se présentait aussi l'inconsolable. Lors du Grand Journal télévisé, entrecoupé de pubs de savon à vaisselle et de Kit-Kat, je découvrais sous des soleils arides des enfants affamés, des femmes abusées et violentées. Je voyais des guerres au profit de quelques riches sous le regard d'une planète qui n'en faisait pas trop de cas.

Un jour, mes fenêtres improvisées sont devenues de réelles vitrines. Sont apparues les fenêtres des autobus, des taxis, des wagons de trains et des avions. À mon tour, j'ai sauté dans la ronde. J'ai été happé et tout a déboulé. Je n'y ai pas échappé : j'ai atterri dans le monde des grandes personnes.

Les grandes personnes ! Drôle d'expression. Il m'arrive encore de partir à leur recherche et de ne trop savoir les reconnaître.

En quittant la maison familiale, ma mère m'avait dit : *Je serai heureuse si tu es heureux.*

Elle n'aurait pu m'épauler de meilleure façon.

Sont venus à tour de rôle les études, les déménagements, le travail, les rencontres, la folie des engagements.

Aujourd'hui, quand je jette un œil au compteur et que je regarde cette mare du quotidien dans laquelle je patauge, où je me suis royalement enlisé à un rythme effréné, je voudrais freiner la machine, repeindre le décor.

Dans cette mare, on cale de millimètre en millimètre et d'heure en heure pour se retrouver sournoisement figé entre la pression et le surmenage, entre le trafic et le béton, entre l'indifférence et la violence! Cette mare est si polluée du stress de la performance que si l'on collait son oreille plus près du mur du réel, juste de l'autre côté de la paroi, on pourrait y entendre régulièrement crier « Une âme à la mare ! » « Une âme à la mare ! »

Dans nos belles grandes villes, on a peu de temps pour écouter des âmes s'affoler et les voir s'éteindre autour de nous. Entassés les uns sur les autres, comme des robots, on fait son truc, on file. La machine avance. Tout va bien tant qu'on arrive à gérer sa peau. Faudra-t-il un tremblement de terre pour qu'on se tienne par la main ? Ça reste à voir.

Rapidement, si on ne fait pas gaffe, les jours empruntent des allures d'une vie qui nous avale ; celle que l'on tente de gagner. On veut tout. On se convainc que tout est possible. On multiplie les projets grâce à nos petites cartes en plastique. On a vu de ces vies convoitées dans les journaux, à la télé, sur les affiches à la sortie des ponts. Et c'est parti. On veut toutes ces vies. D'autres y ont goûté. On y a droit.

Il faut la belle auto. Ça prend les beaux vestons. Il faut être disponible sept jours sur sept. Chaque jour, on vous presse allègrement le citron.

Surviennent les absences de subvention, les coupes budgétaires, les réorganisations, la

multiplication des tâches, le désert du renforce-
ment positif, les transferts, les clowns et leurs
non-dits et les pilules antistress.

Tandis que les exigences s'imposent et que les
motivations en prennent un coup, les compensa-
tions ont tendance à stagner. On vous réclame la
plus grande vitrine médiatique qui soit, idéale-
ment plus grande que celle du temps où toutes
les chaises des salles de rédaction étaient occupées.

Puis on réalise la facilité avec laquelle on est
tombé dans le panneau. On a misé sur la conjugaison du verbe *avoir* plutôt que sur celle du verbe
être.

C'est comme ça, du lundi au dimanche. Une
vie de lumières préfabriquées.

Pendant tout ce temps, chacun cherche du
temps. Et si on le pouvait, on l'achèterait. On
s'achèterait d'autres vies pour être sûr d'en vivre
une seule.

En courant d'un rendez-vous à l'autre, on se téléphone, on se courriel, on se texte, on se skype. On se cyberespace, faute de se voir et de ne plus se toucher. On zappe. On se botoxe. On s'empiffre de téléréalité. On passe nos vies à effleurer. À s'effleurer.

Puis un matin, on a quarante ans, cinquante ans...

Les manèges ont de moins en moins de saveur. On veut remettre les pieds au sol.

On s'imagine vivre autrement pour trouver la réussite ailleurs. On veut s'en retourner à ses trois pommes de hauteur.

* * *

C'est la mort de mon père qui m'aura fait réfléchir à la fragilité de l'existence.

Aimer quelqu'un, ce n'est pas simplement lui dire, c'est être aussi avec, dans une proximité ou en pensée. C'est vouloir le meilleur pour lui, en prendre soin avec ses mains, ses yeux, sa voix et sa chaleur. C'est se lever pour deux avec la force et le vulnérable qui nous habitent puis accepter que nous l'ayons aimé et accompagné avec les capacités et les possibilités que nous avions.

La plus belle conjugaison du verbe *aimer* est au présent. J'en gage ici ma chemise.

C'est une superbe expérience que de connaître la vie trépidante d'une ville, les possibilités professionnelles, l'animation des quartiers, la diversité de ses offres. Mais aussi quel ravissement que de rencontrer le calme des heures. De croiser des regards dans la lenteur du moment. De mettre nos amours au rang des priorités.

Je n'aurais jamais pensé que la vie d'autrefois m'aurait un jour si chaleureusement hanté. L'existence de la ville m'aura appris à me surpasser; celle de la campagne, le bonheur de vivre.

C'est au tour de ma mère de se laisser envelopper. Qu'on la borde pour tout ce qu'elle nous a offert. J'ai ce choix. Je veux être là pour elle, pour nous, pour la suite des choses, pour ce temps qu'il nous reste.

* * *

Gandhi a dit : *Le plus grand voyageur n'est pas celui qui a fait dix fois le tour du monde, mais celui qui a fait une fois le tour de lui-même.*

Un jour à Tamarin, île Maurice, un homme me dit : *J'ai vu Madagascar, les Indes, le Bangladesh. Ici, ce n'est rien. Peut-être qu'il y en a qui vivent dans des tentes et des petites cases en tôle mais le soir ils dansent et font la fête. Pendant ce temps, nous, dans nos imitations de châteaux, on chauffe au bois de l'extravagance et du crédit. On planifie les vacances d'été de l'an prochain tout en jetant aveuglément aux ordures 30 % de l'épicerie oubliée dans le frigo. Et à la fin de la journée, au bout de tout ça, on se prend un cachet pour arriver à dormir. De quel camp est la pauvreté ? Je vous le demande, cher monsieur.* Je suis rentré directement à la villa que j'habitais et j'ai calé un whisky.

De l'enfance à aujourd'hui, beaucoup d'eau a coulé sous les ponts.

Plus on avance, plus on se rapproche de son enfance. Comme on boucle une boucle. Au fond de soi, on ne change pas.

On porte des chapeaux. On enfile des habits.

Sous nos atours, il y a quelqu'un qui sommeille, qui n'a pas pris une ride et qui nous rappelle d'où nous venons et qui nous sommes.

Il y aura eu les saisons de l'enfance, des apprentissages, des surpassements.

Il y a aussi celles qui tanguent maintenant du côté de la bienveillance, des partages et de la tranquillité.

Quarante ans plus tard, il me tarde de rentrer chez moi. J'imagine déjà une petite maison, dans les bois, près d'un ruisseau, isolé.

Les grands défis professionnels derrière, mon cœur pointe le regard vers le chemin du retour, là d'où je viens.

Je recherche désormais ce même silence des plaines d'autrefois, plein et rond. Je l'espère souvent. Je le guette. Je m'y enveloppe dès que je le peux.

Le silence fait grand bien. Le silence repose du bruit des hommes. C'est pour cela que je quitte régulièrement la ville.

Je me déplace parfois dans les déserts. Je vais jusque dans des abbayes pour être certain de le trouver.

Je dois beaucoup au silence.

* * *

La vie d'aujourd'hui est digne d'un grand théâtre.

Je mets souvent mon âme sur les échafauds, le temps qu'elle se déleste du superflu, pour ne retenir que ce qui fait battre mon cœur.

J'éprouve un malin plaisir à envoyer lentement valser les habits et les chapeaux.

À l'heure où la planète est Charlie, que le Nigeria baigne dans des mares de sang et que des filles d'origine yézénite sont transportées dans des cages sur des places publiques, vendues et vouées à l'esclavage, je me réjouis d'être ici et de pouvoir choisir.

Plus que jamais, il y a mille et une raisons pour que je tienne des mains et que je pose des pierres.

C'est ce que je veux faire de plus en plus. Alléger les horaires et me rendre davantage utile aux autres.

Dans mon usine à rêves, je vois des hommes et des femmes, beaucoup de pain sur la planche et dans l'assiette. La Somalie est devenue un quartier *downtown* de Montréal où les vendredis après-midi les enfants se réunissent pour jouer à la marelle. Puis, s'esclaffant en touchant chacun leur ciel, tous s'en retournent au pas de course vers un magnifique buffet.

Dans mon usine à rêves, le mot *nucléaire* n'est payant qu'au scrabble. Tous les chars d'assaut appartiennent à des musées, les djihadistes font dans la flanelle et Harper n'est devenu qu'un vague souvenir. Les clowns sont des amuseurs publics et ne peuvent plus se présenter à des élections.

Dans mon usine à rêves, tous les dimanches, les aînés mettent de côté leur Alzheimer et ouvrent la porte à tous ceux qui font la file et qui se sont déplacés pour leur rendre visite.

Dans mon usine à rêves, personne ne meurt sauf...

Dans mon usine à rêves, on dort le cul dans les bacs à fleurs en attendant la prochaine ondée de baisers qui nous recouvrira. On aime. On chante

«À la claire fontaine»… On se dit *pour toujours.* Beaucoup de temps se la coule douce. On prend un peu de sa retraite tous les jours, question de s'habituer à être présent à ce qui nous entoure.

Dans mon usine à rêves, mon père butine d'une comète à une autre en prenant soin à chaque transfert de me donner de ses nouvelles. Ma mère danse le tango sur les décombres d'un temps ancien et donne des cours de tricot à tous les amputés du bonheur. Mes amis mordent dans la vie de la même façon que l'on embrasse le rouge liquide d'un melon d'eau. Mon filleul grandit sur des échasses de verre pour mieux enjamber les montagnes et ainsi parvenir à toucher le ciel de son choix.

Dans mon usine à rêves, on vit comme si c'était le premier et le dernier jour.

Chacun se tient par la main et regarde dans la même direction.

* * *

Ce n'est pas nécessairement tout ce que nous réalisons qui est incroyable mais plutôt ce dont nous rêvons et que nous n'oserons jamais entreprendre.

À compter de maintenant, en marge du travail et de toutes les autres obligations, je m'engage à flâner de plus en plus, à rêvasser, à culbuter tête première dans l'inertie. Je promets aussi de parcourir la circonférence de mon nombril. De compter des moutons sur la place publique. D'enrouler des cheveux autour de mes doigts.

Le moment présent deviendra la raison d'être.

À compter de maintenant, je presse *eject* sur la routine. Je me déraisonne, je me déroute, je m'engloutis sous l'abandon.

Je saute à pieds joints sur cette accumulation de somnolence pour qu'elle puisse me réveiller à jamais.

Je me plafonne l'intention salariale.

Je filtre l'entonnoir de ce qui me bute.
Je me cordon ombilical à mon lit.
Je me nœud coulant à l'évasion.

Bref, avec ce programme, je serais prêt à parier
qu'il suffira de quelques *je-ne-sais-quoi* pour que
je termine mes journées éreinté de joie.

* * *

Ce livre restera toujours trop mince pour témoi-
gner de l'amour que j'éprouve pour mes parents.

Avec peu de moyens, ils ont bêché la terre. Ils
se sont toujours tenus debout contre vents et
marées. Ils ont bâti de grandes choses. Chaque
jour, ils se sont choisis.

Ils ont rêvé ensemble. Ils ont prié ensemble.

Ils se sont rendus jusqu'aux berges de la douleur et y sont revenus chaque fois à deux, en se
tenant par la main.

Ils ont dansé sur la pointe de leur cœur.

Ils ne regardaient jamais ailleurs pour voir s'ils y étaient. Ils se savaient là dans le présent. Ils étaient dans la cour intérieure du monde qui leur était offert et qu'ils avaient béni.

Ils ont veillé à leur bonheur. Ils ont réussi leur vie.

En plus d'être toujours présents pour les autres, ils ont tenté de glisser quelques germes de ce qu'ils ont semé dans mes poches.

Les germes. Ils sont là. Je les ai là. Dans ma tête. Dans mon cœur. Ils m'habitent d'aussi loin que je me souvienne.

À la mémoire de mon père et pour l'amour à ma mère, tant et aussi longtemps que je vivrai, je tenterai de les semer à mon tour.

Chacun marche son parcours et le pave de ses convictions et de ses connaissances.

Je ne crois pas qu'il y ait de chemin à suivre. Je crois qu'il y a une voix à entendre et à écouter. C'est cette voix qui éclaire notre chemin.

La nôtre.

Il est difficile d'avoir le talent de vivre chaque jour... mais j'y travaille.

Voilà où j'en suis.

Portrait d'une âme assise.

CINQUIÈME CHAPITRE

Pourquoi écrire quand il y a tant à faire?

Quand j'ouvre un livre ou quand, tout simplement, je lis les mots d'une autre personne, il y a souvent un miracle inouï qui se produit : soit qu'une pièce s'ajoute à ma maison ; soit que s'additionne une journée au calendrier de mon existence ; soit que les bras des jours gris se déplient pour laisser entrer un temps plus doux.

Sans cesse, je parcours la terre entière en entrant dans des cœurs ouverts sans même bouger le petit doigt.

Personnellement, j'écris parce qu'il me faut passer régulièrement par l'encrier pour aller m'allonger dans le hamac du monde ; parce que je ne cesse de me poser la même et éternelle question : *Comment puis-je à chaque seconde répondre à celui que je suis pour venir au monde une fois pour toutes ?*

Avec ce livre, il m'a fallu braver le silence quand il aboyait au fond de moi. Je suis allé maintes fois à sa rencontre, dans les espaces les plus sombres et les plus lumineux; jusqu'aux abords de l'enfance.

La plupart du temps, j'en suis revenu les bras chargés de vérités assumées.

Alain

Selon quelques Impatients, écrire c'est...

Écrire pour moi, c'est inné. Je le fais surtout sur pulsion et en général c'est bon.

Yves

J'écris toujours tous les matins pour mieux vivre avec ma journée. J'écris de la poésie moderne.

Marilyn

J'écris parce que j'en ai trop à dire et ce que je ne dis pas verbalement, je l'écris.

Madone

J'écris souvent, souvent, pratiquement tous les soirs parce que le soir je fume un joint pour me soulager, ça m'amène une intériorité qui est très intéressante.

Louise

J'écris pour vous dire...

Ghislaine

J'écris pour faire le ménage dans ma boîte à pensées, pour chasser les mauvaises, où lorsque mon amie Fred disparaît, quand j'ai de la peine, de la joie, pour le plaisir et cela me fait beaucoup de bien.

Sylvie

Quelque fois j'écris mes angoisses accompagnées d'un dessin. Cela me fait du bien.

Renée

Parce que j'adore les Impatients et je vous remercie de m'avoir encouragé et je vais là tous les mercredis. À Alain Labonté de François Ducas.

François

J'écris pour rattraper le temps qui file à toute allure sur l'or de mes années.

Lee

Afin de faire connaître à autrui mon univers, qui demeure secret tant et aussi longtemps que je le garde pour moi seul. Ceci me permet d'être connecté avec le cosmos, cosmos dont nous faisons tous partie. La littérature, c'est l'ouverture de l'esprit.

Claude

Pour me retrouver tout en me définissant, me faire connaître et peut-être en arriver à inspirer les autres… la vie aidant !

Ginette

Écrire me permet d'avancer dans la vie et d'y voir plus clair.

Hélène

Avant, j'étais une maison sans fenêtres, ni balcon, ni marches, ni perron. J'ai commencé à m'aimer. Aujourd'hui, mes fondations supportent ma maison. Il y a maintenant des fenêtres, un balcon, des marches et un perron.

José

MARQUIS

Québec, Canada

RECYCLÉ
Papier fait à partir
de matériaux recyclés
FSC® C103567

Imprimé sur du papier Enviro 100% postconsommation
traité sans chlore, accrédité ÉcoLogo et fait à partir de biogaz.

100% PERMANENT BIO GAZ